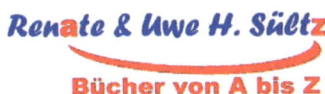

AF216015

Bücher von A bis Z

UFO - LOGBUCH

UFOLOGIE

UFOs am Edersee — Renate & Uwe H. Sültz

Do 17.10.2019, 17:53 Uhr, Sichtung und Analyse

Originale Aufnahmen von UFOs am Edersee in Asel-Süd

Was passierte an diesem Ort?

UFOs at the Edersee in Germany (sighting and analysis)
DEUTSCH/ENGLISCH

Paranormale Phänomene/Plasma Kugeln/Energie Blasen

im Kellerwald-Edersee National Park

BoD - Books on Demand

Norderstedt 2019

Bibliografische Information durch die Deutsche Nationalbibliothek

Die Deutsche Nationalbibliothek verzeichnet diese Publikation in der Deutschen Nationalbibliografie; detaillierte bibliografische Daten sind im Internet über http://dnb.dnb.de abrufbar.

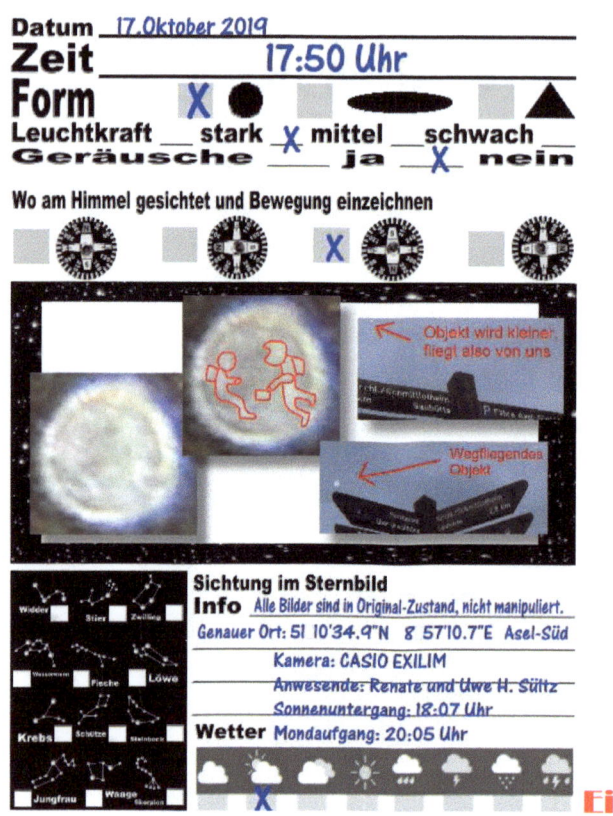

Ein Beispiel unserer Sichtung am Edersee am 17.10.2019 um 17:50 Uhr. Hier nachzulesen: ISBN-13: 9-78374-9-48145-3

© 2019 Renate Sültz & Uwe H. Sültz

Herstellung und Verlag:

BoD – Books on Demand, Norderstedt

ISBN 9-78375-0-41803-5

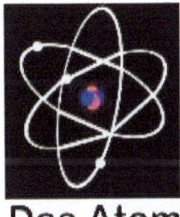

Das Atom

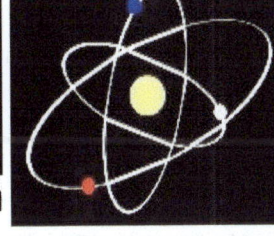

Das Sonnensystem

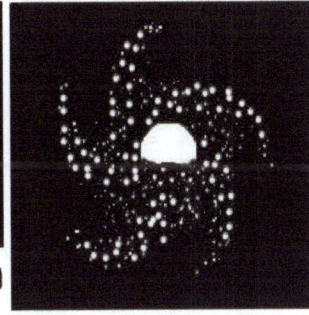

Die Galaxien

Physikalische Systeme

Objekte, die ein Ganzes sind
und sich in der Raumzeit
in einer Umgebung abgrenzen,
sind Physikalische Systeme.
Bislang fehlt der Beweis beim
Universum. Überlegung:
Viele Universen könnten in
einem Raum sein, den man
Omnium (das Ganze) nennen
könnte. Dann hat unser
Universum eine Umgebung.
Autorenteam Sültz auf Sylt

Vom Atom bis zum Omnium
Eine Überlegung vom Autorenteam Sültz auf Sylt

Das Omnium

Das Universum

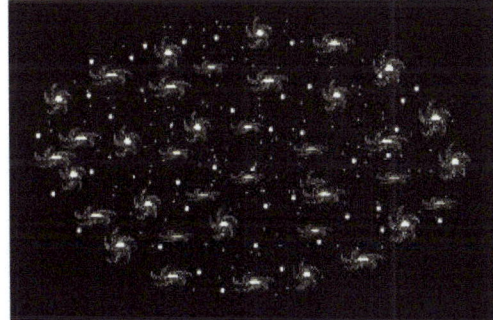

Zeichnung und/oder Foto

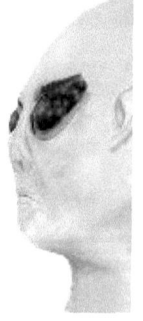

Datum _____

Zeit _____

Form ▪ ● ▪ ⬭ ▪ ▲

Leuchtkraft ___ **stark** ___ **mittel** ___**schwach** ___

Geräusche ___ ja ___ nein

Wo am Himmel gesichtet und Bewegung einzeichnen

Widder | **Stier** | **Zwilling**

Wassermann | **Fische** | **Löwe**

Krebs | **Schütze** | **Steinbock**

Jungfrau | **Waage** | **Skorpion**

Sichtung im Sternbild
Info _____

_____

_____

_____

Wetter

Zeichnung und/oder Foto

Datum _____

Zeit _____

Form

Leuchtkraft ___ **stark** ___ **mittel** ___ **schwach** ___

Geräusche ___ ja ___ nein

Wo am Himmel gesichtet und Bewegung einzeichnen

Sichtung im Sternbild

Info _____

_____

_____

_____

Widder Stier Zwilling

Wassermann Fische Löwe

Krebs Schütze Steinbock

Jungfrau Waage Skorpion

Wetter

Zeichnung und/oder Foto

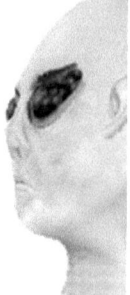

Datum _____

Zeit _____

Form

Leuchtkraft ___ stark ___ mittel ___ schwach ___

Geräusche ___ ja ___ nein

Wo am Himmel gesichtet und Bewegung einzeichnen

Sichtung im Sternbild

Widder	Stier	Zwilling
Wassermann	Fische	Löwe
Krebs	Schütze	Steinbock
Jungfrau	Waage	Skorpion

Info _____

_____

_____

_____

Wetter

Zeichnung und/oder Foto

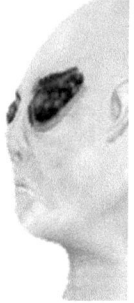

Datum _____

Zeit _____

Form

☐ ● ☐ ⬭ ☐ ▲

Leuchtkraft ___ stark ___ mittel ___ schwach ___

Geräusche ___ ja ___ nein

Wo am Himmel gesichtet und Bewegung einzeichnen

☐ 🧭 ☐ 🧭 ☐ 🧭 ☐ 🧭

Widder Stier Zwilling
Wassermann Fische Löwe
Krebs Schütze Steinbock
Jungfrau Waage Skorpion

Sichtung im Sternbild
Info _____

_____

_____

_____

Wetter

Zeichnung und/oder Foto

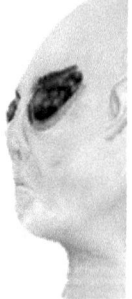

Datum _____

Zeit _____

Form ▢ ● ▢ ⬭ ▢ ▲

Leuchtkraft ___ **stark** ___ **mittel** ___ **schwach** ___

Geräusche ___ ja ___ nein

Wo am Himmel gesichtet und Bewegung einzeichnen

Sichtung im Sternbild

Widder ▢ Stier ▢ Zwilling ▢

Wassermann ▢ Fische ▢ Löwe ▢

Krebs ▢ Schütze ▢ Steinbock ▢

Jungfrau ▢ Waage ▢ Skorpion ▢

Info _____

_____

_____

_____

Wetter

Zeichnung und/oder Foto

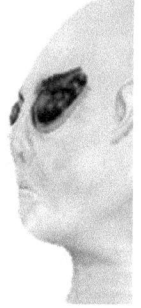

Datum _____

Zeit _____

Form

Leuchtkraft ___ **stark** ___ **mittel** ___ **schwach** ___

Geräusche ___ ja ___ nein

Wo am Himmel gesichtet und Bewegung einzeichnen

Sichtung im Sternbild

Info _____

_____

_____

_____

Widder Stier Zwilling

Wassermann Fische Löwe

Krebs Schütze Steinbock

Jungfrau Waage Skorpion

Wetter

Zeichnung und/oder Foto

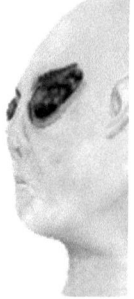

Datum _____

Zeit _____

Form ⬛ ⬤ ⬛ ⬬ ⬛ ▲

Leuchtkraft ___ stark ___ mittel ___ schwach ___
Geräusche ___ ja ___ nein

Wo am Himmel gesichtet und Bewegung einzeichnen

Sichtung im Sternbild

Widder ☐	Stier ☐	Zwilling ☐
☐ Wassermann	☐ Fische	☐ Löwe
Krebs ☐	Schütze ☐	Steinbock ☐
☐ Jungfrau	☐ Waage	Skorpion ☐

Info _____

_____

_____

_____

Wetter

Zeichnung und/oder Foto

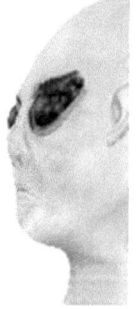

Datum _____

Zeit _____

Form ⬜ ⬤ ▬ ⬜ ▲

Leuchtkraft ___ stark ___ mittel ___ schwach ___

Geräusche ___ ja ___ nein

Wo am Himmel gesichtet und Bewegung einzeichnen

Sichtung im Sternbild

Info _____

_____

_____

_____

Widder ☐ Stier ☐ Zwilling ☐

Wassermann ☐ Fische ☐ Löwe ☐

Krebs ☐ Schütze ☐ Steinbock ☐

Jungfrau ☐ Waage ☐ Skorpion ☐

Wetter

Zeichnung und/oder Foto

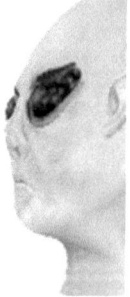

Datum _____

Zeit _____

Form

Leuchtkraft ___ **stark** ___ **mittel** ___**schwach** ___

Geräusche ___ ja ___ nein

Wo am Himmel gesichtet und Bewegung einzeichnen

Sichtung im Sternbild

Widder Stier Zwilling

Wassermann Fische Löwe

Krebs Schütze Steinbock

Jungfrau Waage Skorpion

Info _____

_____

_____

_____

Wetter

Zeichnung und/oder Foto

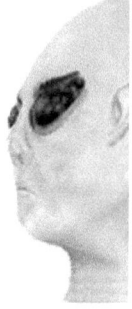

Datum _____

Zeit _____

Form

Leuchtkraft ___ **stark** ___ **mittel** ___**schwach** ___
Geräusche _____ ja _____ nein

Wo am Himmel gesichtet und Bewegung einzeichnen

Sichtung im Sternbild

Widder Stier Zwilling

Wassermann Fische Löwe

Krebs Schütze Steinbock

Jungfrau Waage Skorpion

Info _____

_____

_____

_____

Wetter

Zeichnung und/oder Foto

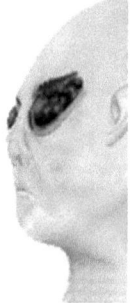

Datum _____

Zeit _____

Form ▢ ● ▢ ⬭ ▢ ▲

Leuchtkraft ___ stark ___ mittel ___ schwach ___
Geräusche ___ ja ___ nein

Wo am Himmel gesichtet und Bewegung einzeichnen

Sichtung im Sternbild

Info _____

_____

_____

_____

Widder Stier Zwilling

Wassermann Fische Löwe

Krebs Schütze Steinbock

Jungfrau Waage Skorpion

Wetter

Zeichnung und/oder Foto

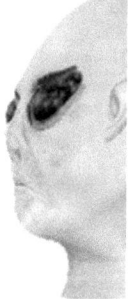

Datum _____

Zeit _____

Form

Leuchtkraft ___ stark ___ mittel ___ schwach ___

Geräusche ___ ja ___ nein

Wo am Himmel gesichtet und Bewegung einzeichnen

Sichtung im Sternbild

Widder Stier Zwilling

Wassermann Fische Löwe

Krebs Schütze Steinbock

Jungfrau Waage Skorpion

Info _____

_____

_____

_____

Wetter

Zeichnung und/oder Foto

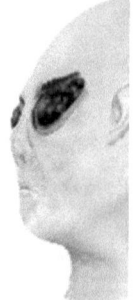

Datum _____

Zeit _____

Form ⬛ ⬤ ⬛ ⬭ ⬛ ▲

Leuchtkraft ___ **stark** ___ **mittel** ___ **schwach** ___

Geräusche ____ ja ____ nein

Wo am Himmel gesichtet und Bewegung einzeichnen

Sichtung im Sternbild

Info _____

_____

_____

_____

Widder · Stier · Zwilling

Wassermann · Fische · Löwe

Krebs · Schütze · Steinbock

Jungfrau · Waage · Skorpion

Wetter

Zeichnung und/oder Foto

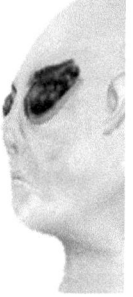

Datum _____

Zeit _____

Form

Leuchtkraft ___ **stark** ___ **mittel** ___ **schwach** ___

Geräusche ____ ja ____ nein

Wo am Himmel gesichtet und Bewegung einzeichnen

Sichtung im Sternbild

Info _____

_____

_____

_____

Widder · Stier · Zwilling · Wassermann · Fische · Löwe · Krebs · Schütze · Steinbock · Jungfrau · Waage · Skorpion

Wetter

Zeichnung und/oder Foto

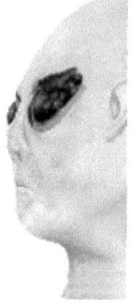

Datum _____

Zeit _____

Form

Leuchtkraft ___ **stark** ___ **mittel** ___**schwach** ___

Geräusche ___ ja ___ nein

Wo am Himmel gesichtet und Bewegung einzeichnen

Widder	Stier	Zwilling
Wassermann	Fische	Löwe
Krebs	Schütze	Steinbock
Jungfrau	Waage	Skorpion

Sichtung im Sternbild

Info _____

_____

_____

_____

Wetter

Zeichnung und/oder Foto

Datum _____

Zeit _____

Form ▢ ⬤ ▢ ⬭ ▢ ▲

Leuchtkraft ___ **stark** ___ **mittel** ___ **schwach** ___

Geräusche ____ ja ____ nein

Wo am Himmel gesichtet und Bewegung einzeichnen

Sichtung im Sternbild

Widder	Stier	Zwilling
Wassermann	Fische	Löwe
Krebs	Schütze	Steinbock
Jungfrau	Waage	Skorpion

Info _____

_____

_____

_____

Wetter

Zeichnung und/oder Foto

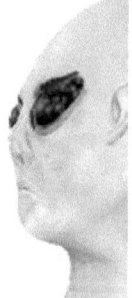

Datum _____

Zeit _____

Form

Leuchtkraft ___ **stark** ___ **mittel** ___ **schwach** ___

Geräusche ____ **ja** ____ **nein**

Wo am Himmel gesichtet und Bewegung einzeichnen

Sichtung im Sternbild

Info _____

_____

_____

_____

Widder | Stier | Zwilling

Wassermann | Fische | Löwe

Krebs | Schütze | Steinbock

Jungfrau | Waage | Skorpion

Wetter

Zeichnung und/oder Foto

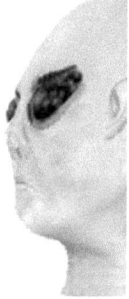

Datum _____

Zeit _____

Form ⬜ ⬤ ⬜ ⬭ ⬜ ▲

Leuchtkraft ___ stark ___ mittel ___schwach ___

Geräusche ___ ja ___ nein

Wo am Himmel gesichtet und Bewegung einzeichnen

Sichtung im Sternbild

Info _____

_____

_____

_____

Widder | Stier | Zwilling
Wassermann | Fische | Löwe
Krebs | Schütze | Steinbock
Jungfrau | Waage | Skorpion

Wetter

Zeichnung und/oder Foto

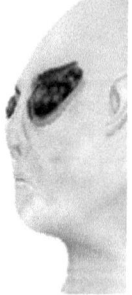

Datum _____

Zeit _____

Form

Leuchtkraft ___ **stark** ___ **mittel** ___**schwach** ___

Geräusche ___ **ja** ___ **nein**

Wo am Himmel gesichtet und Bewegung einzeichnen

Sichtung im Sternbild

Info _____

_____

_____

_____

Widder Stier Zwilling

Wassermann Fische Löwe

Krebs Schütze Steinbock

Jungfrau Waage Skorpion

Wetter

Zeichnung und/oder Foto

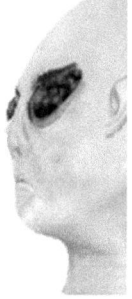

Datum _____

Zeit _____

Form

Leuchtkraft ___ **stark** ___ **mittel** ___ **schwach** ___

Geräusche ___ ja ___ nein

Wo am Himmel gesichtet und Bewegung einzeichnen

Widder | Stier | Zwilling

Wassermann | Fische | Löwe

Krebs | Schütze | Steinbock

Jungfrau | Waage | Skorpion

Sichtung im Sternbild

Info _____

_____

_____

_____

Wetter

Zeichnung und/oder Foto

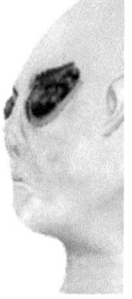

Datum _____

Zeit _____

Form

Leuchtkraft __ **stark** __ **mittel** __ **schwach** __

Geräusche ____ **ja** ____ **nein**

Wo am Himmel gesichtet und Bewegung einzeichnen

Sichtung im Sternbild

Info _____

_____

_____

_____

Widder Stier Zwilling

Wassermann Fische Löwe

Krebs Schütze Steinbock

Jungfrau Waage Skorpion

Wetter

Zeichnung und/oder Foto

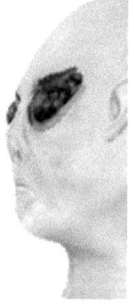

Datum _____

Zeit _____

Form ● ▬ ▲

Leuchtkraft ___ stark ___ mittel ___schwach ___
Geräusche ___ ja ___ nein

Wo am Himmel gesichtet und Bewegung einzeichnen

Widder   Stier   Zwilling

Wassermann   Fische   Löwe

Krebs   Schütze   Steinbock

Jungfrau   Waage   Skorpion

Sichtung im Sternbild
Info _____

_____

_____

Wetter

Zeichnung und/oder Foto

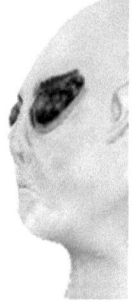

Datum _____

Zeit _____

Form

Leuchtkraft ___ stark ___ mittel ___ schwach ___

Geräusche ___ ja ___ nein

Wo am Himmel gesichtet und Bewegung einzeichnen

Sichtung im Sternbild

Widder Stier Zwilling

Wassermann Fische Löwe

Krebs Schütze Steinbock

Jungfrau Waage Skorpion

Info _____

_____

_____

_____

Wetter

Zeichnung und/oder Foto

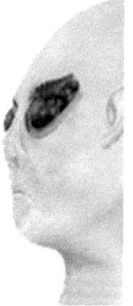

Datum _____

Zeit _____

Form

Leuchtkraft ___ stark ___ mittel ___ schwach ___

Geräusche ____ ja ____ nein

Wo am Himmel gesichtet und Bewegung einzeichnen

Sichtung im Sternbild

Info _____

_____

_____

Widder	Stier	Zwilling
Wassermann	Fische	Löwe
Krebs	Schütze	Steinbock
Jungfrau	Waage	Skorpion

Wetter

Zeichnung und/oder Foto

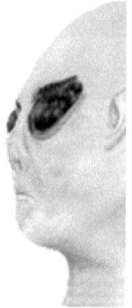

Datum _____

Zeit _____

Form

Leuchtkraft ___ **stark** ___ **mittel** ___ **schwach** ___

Geräusche ___ ja ___ nein

Wo am Himmel gesichtet und Bewegung einzeichnen

Sichtung im Sternbild

Info _____

_____

_____

Widder   Stier   Zwilling

Wassermann   Fische   Löwe

Krebs   Schütze   Steinbock

Jungfrau   Waage   Skorpion

Wetter

Datum _17.Oktober 2019_

Zeit _17:50 Uhr_

Form

Leuchtkraft ___ stark _X_ mittel ___schwach ___

Geräusche ___ ja _X_ nein

Wo am Himmel gesichtet und Bewegung einzeichnen

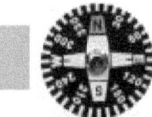  X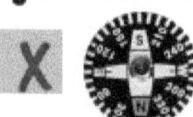

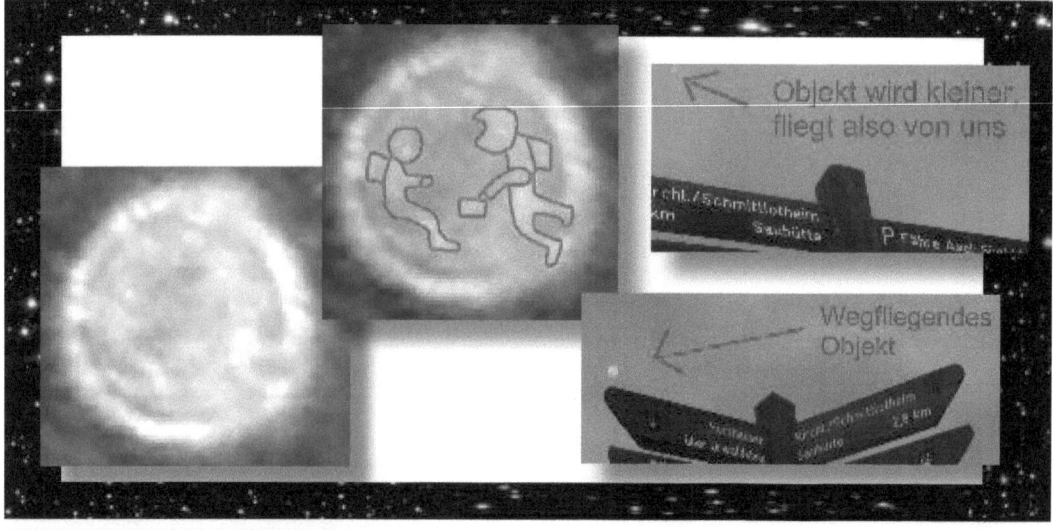

Objekt wird kleiner fliegt also von uns

Wegfliegendes Objekt

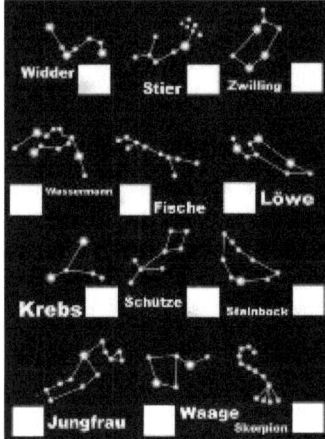

Sichtung im Sternbild

Info Alle Bilder sind in Original-Zustand, nicht manipuliert.

Genauer Ort: 51 10'34.9"N   8 57'10.7"E   Asel-Süd

Kamera: CASIO EXILIM

Anwesende: Renate und Uwe H. Sültz

Sonnenuntergang: 18:07 Uhr

Wetter Mondaufgang: 20:05 Uhr